yukismart.com/b/6a0bd6

cat

kedi

dog

köpek

fish

balık

bird

kuş

hen

tavuk

rooster

horoz

chick

civciv

egg

yumurta

cow

inek

sheep

koyun

pig

domuz

goat

keçi

horse

at

donkey

eşek

mouse

fare

rabbit

tavşan

turkey

hindi

goose

kaz

peacock

tavus kuşu

duck

ördek

duckling

ördek yavrusu

swan

kuğu

dragonfly

yusufçuk

fly

sinek

ant

karınca

anteater

karıncayiyen

ladybug

uğur böceği

earthworm

solucan

slug

sümüklü böcek

caterpillar

tırtıl

snail

salyangoz

butterfly

kelebek

grasshopper

çekirge

bee

arı

honey

bal

spider

örümcek

grass

çimen

beetle

böcek

mosquito

sivrisinek

scorpio

akrep

lizard

kertenkele

turtle

kaplumbağa

crab

yengeç

shrimp

karides

lobster

ıstakoz

whale

balina

shark

köpek balığı

stingray

vatoz

dolphin

yunus

sea urchin

denizkestanesi

jellyfish

denizanası

squid

kalamar

starfish

denizyıldızı

seagull

martı

sea

deniz

pelican

pelikan

cormorant

karabatak

shells

deniz kabukları

sand

kum

elephant

fil

zebra

zebra

giraffe

zürafa

snake

yılan

crocodile

timsah

lion

aslan

tiger

kaplan

hippopotamus

su aygırı

rhinoceros

gergedan

cheetah

çita

camel

deve

antelope

antilop

flamingo

flamingo

ostrich

deve kuşu

stork

leylek

parrot

papağan

gorilla

goril

monkey

maymun

koala

koala

panda

panda

kangaroo

kanguru

hedgehog

kirpi

squirrel

sincap

wolf

kurt

fox

tilki

racoon

rakun

bear

ayı

deer

geyik

eagle

kartal

bat

yarasa

boar

yaban domuzu

crow

karga

owl

baykuş

woodpecker

ağaçkakan

polecat

kokarca

mole

köstebek

beaver

kunduz

polar bear

kutup ayısı

snow

kar

penguin

penguen

snowy owl

kar baykuşu

forest

orman

mountain

dağ

narwhal

denizgergedanı

orca

katil balina

walrus

mors

seal

fok

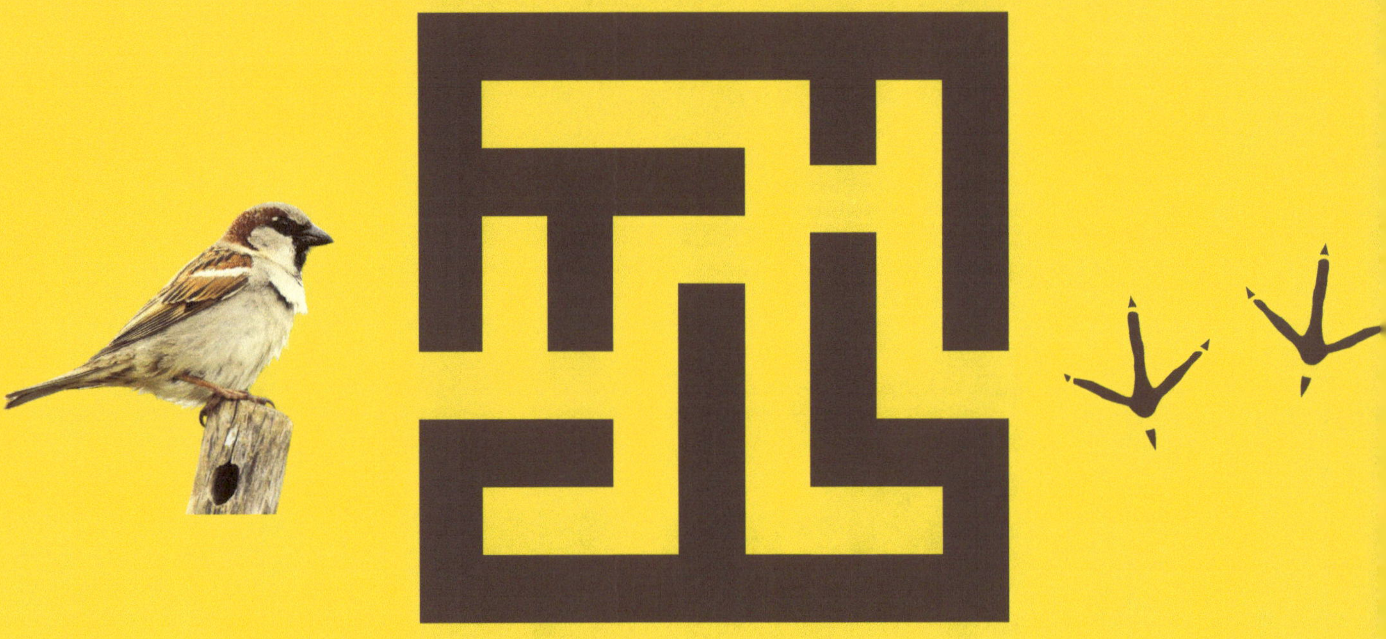